MAURITIUS

DAS BESTE VON MICHAEL FRIEDEL

TEXT VON MARION FRIEDEL

EDITION MM

Stern und Schlüssel zum Indischen Ozean – "Stella clavisque maris Indici" – lautet der Wahlspruch des Inselwappens von Mauritius. Die Perle des Indischen Ozeans liegt am Wendekreis des Steinbocks zwischen Afrika, Indien und Australien, im wärmsten aller Meere, südlich des Äquators.
Schon in der Kolonialzeit einer der wichtigen Häfen, wurde Mauritius im Zweiten Weltkrieg zum britischen "Flugzeugträger" ausgebaut und ist seit 1946 an das Verkehrsflugnetz nach Afrika, Europa und Asien angeschlossen. Der moderne *Sir Seewoosagur Ramgoolam International Airport* macht die Insel heute zum Luftkreuz des Indischen Ozeans und zu einem der Hauptreiseziele des internationalen Ferntourismus.
Das Autorenteam, der international bekannte Photograph Michael Friedel und die Journalistin Marion Friedel, reisten 1970, in der Anfangszeit der touristischen Entwicklung, das erste Mal nach Mauritius. Die Inselwelten des Indischen Ozeans haben es ihnen ganz besonders angetan. In der gleichen Buchreihe erschienen ihre Bildbände "*Malediven*" und "*Seychellen*". Die Photos von Michael Friedel mit den märchenhaft schönen Inseln gingen um die ganze Welt. Für den Bildband "Mauritius" flog er in den letzten zwölf Monaten dreimal auf die Insel. Nach dreissig Jahren, seit seiner ersten Reise für den STERN, musste er Mauritius neu entdecken. Er photographierte zu Lande, aus der Luft, über und unter Wasser. Marion Friedel interessierte sich besonders für die neuzeitliche Entwicklung der Insel, für ihre Bewohner und ihre Kulturen. "*Kanya Dan*", ein Buch über indische Hochzeitsrituale mit 740 Seiten, gehörte zu ihrer Pflichtlektüre. Aus der verschlafenen Zuckerinsel ist mittlerweile ein modernes Industrieland mit allen Vor- und Nachteilen geworden. Tourismus ist heute das dritte Standbein der Wirtschaft. Die Mauritianer sind stolz auf ihre exklusiven Touristenlandschaften mit den großen Poolanlagen, den erstklassigen Golf- und Tennisplätzen und dem Luxus und Service internationaler 5-Sterne-Hotels, die ihrer Küste ein neues Gesicht geben. Ein Kenner der Insel und vor allem ihrer hochentwickelten touristischen Infrastruktur ist Karl Braunecker. Vor 10 Jahren gründete er das Reiseunternehmen CONNECTIONS, heute einer der führenden Veranstalter auf Mauritius. Er beschreibt die vielen Sportmöglichkeiten, die die Insel bietet. Wandern, Klettern, Jagen, Reiten und jede Art von Wassersport. Zur Weltspitze zählen ihre Gewässer für die Hochseefischerei.
Nicht verändert hat sich die entwaffnende Freundlichkeit ihrer multikulturellen Bewohner. Auf keiner anderen Insel der Welt ist es so leicht, Freunde zu gewinnen. Die Mauritianer, von denen die meisten ihre Insel nie verlassen haben, freuen sich auf Besucher. So kommt die Welt zu ihnen.
Einen neuen Freund gewannen die Friedels in Ramesh Ramdoyal, dem ehemaligen Direktor des mauritianischen Instituts für Lehrerausbildung. Der Autor von Büchern wie "*Feste auf Mauritius*", "*Mauritianische Legenden und Erzählungen*" war eine wahre Fundgrube für kulturelle Informationen. Er beschreibt in diesem Buch, warum es auf Mauritius keine gravierenden Rassenprobleme gibt; vom toleranten Umgang der Bewohner miteinander und ihrem Respekt vor den verschiedenen Kulturen; über die Entwicklung und den Aufschwung in seiner Heimat – Mauritius.
Dieser Bildband versteht sich nicht als Reiseführer, sondern als ein optisches Dokument einer Insel aus dem Indischen Ozean mit vielen Informationen.

Michael Friedel
Ramesh Ramdoyal
Karl Braunecker

BILDBESCHREIBUNG

Wer Mauritius von Südwesten anfliegt, erblickt eines der markanten Wahrzeichen des Eilandes, den 556 Meter hohen *Morne Brabant*. Das grosse Korallenriff in der türkisfarbenen Lagune ist ein einziger "schwimmender Garten". Es ist einer der besten Tauchplätze von Mauritius. Die Südspitze der Halbinsel unter dem schroffen Felsen bietet bei zuverlässigen Winden idealste Windsurfbedingungen. Seite: 8 – 9

Von dem *Bambous Mountain*, aus 626 Metern, hat man einen wunderbaren Blick auf die grossen Lagunen an der Ostseite der Insel. Seine Bergspitze ist noch dicht bewaldet, aber die Zuckerrohrfelder erobern dank moderner Maschinen und Bewässerungstechniken immer mehr von der ursprünglichen Landschaft. Der beständige Passatwind treibt die Wolken über die Bergspitze, und sie regnen im Zentrum der Insel ab. Seite: 10 – 11

Ziel vieler Tagesausflüge sind die unbewohnten Inseln im Zentrum der Ostküste *Ile aux Cerfs* und *Ile de L'Est*. In der Passage zwischen den beiden Inseln hat sich eine riesige Sandbank gebildet. Ein idealer Bade- und Ankerplatz mit drei kleinen Restaurants. Das Hotel *Touessrock* betreut dieses Stück Natur, das zu den meist besuchten und photographierten Stränden gehört. Seite:12 – 13

Das super Luxushotel *Royal Palm* liegt an der Einfahrt zur *Grand Baie* gegenüber dem *Pointe aux Cannoinirs* im Norden der Insel. Der Katamaran "Ocean Murmur" wartet auf Passagiere. Privatpolizisten achten auf das Wohl der exklusiven Gäste und schützen sie vor allzu eifrigen Strandverkäufern. Auf Mauritius sind alle Strände öffentlich. Seite: 14 – 15

Auf die Frage nach des Rätsels Lösung für das freundliche Miteinander unterschiedlicher Kulturen und Rassen lachen uns die Mädchen im Bootshaus vom Hotel *Le Paradis* fröhlich an. Die *Inderin Shabnam*, die *Europäerin Anastasia*, die *Chinesin Sandy* und die *Kreolin Nathalie*. Wie auf einem Schiff, auf hoher See, sind die Menschen von Mauritius aufeinander angewiesen. Seite: 16 – 17

Die Anlage des Hotels *Trou aux Biches* liegt an einem der schönsten Strandabschnitte im Norden der Insel. Ein großes Riff schützt den weissen Korallensand. Der *Feuerlauf* bei *Rose Hill*, barfuss über glühende Holzkohlen, ist ein Bussgang. Das ist ein religiöses Ritual der *Tamilen*, gläubige Hindus, die aus Südindien stammen. Text *Marion Friedel*. Seite: 18 – 21

Bei der Ortschaft *Notre Dame*, im Inneren der Insel, bewirtschaften Kleinbauern das bergige Land in mühsamer Handarbeit mit dem Anbau von Gemüse und Obst. Im Luxus baden und leben die Gäste der 5-Sterne-Hotels. Der Tourismus ist heute eine der grössten Einnahmequellen des Landes. Ein Arbeitsplatz in dieser Branche ist sehr begehrt. Text *Marion Friedel*. Seite: 22 – 25

Der *Montagne du Rempart* mit seinen 777 Metern Höhe sieht vom Strand von *Flic en Flac* wie das Matterhorn aus. Im Vordergrund, eingebettet in Zuckerrohrfelder, die Spitzen der *Troi Mamelles*, im Volksmund die "drei Busen" genannt. Im Hintergrund an der Westküste die Ortschaft *Tamarin* mit ihren traditionell bewirtschafteten Salinen. Seite: 26 – 27

BILDBESCHREIBUNG

Im Schatten des *Pieter Both* ist Handarbeit gefragt. Vor einem Zuckerrohrfeld, auf einer jungen *Ingwerplantage*, verteilen die Frauen liebevoll den Dünger aus Restbeständen der Zuckergewinnung. Der Einsatz von Maschinen ist in dem bergigen Gelände im Zentrum der Insel nicht rentabel. Gewürze und Gemüse bringen in diesen Jahren bessere Preise als das subventionierte Zuckerrohr. Seite: 28 – 29

Nur von der erhöhten Plattform eines Lastwagens aus überblickt man das 5 Meter hohe Zuckerrohr. Von der Ebene der Plaine des *Papayes* hat man so einen guten Ausblick auf den *Pieter Both* und die *Montagnes Longues*. Zwischen Mai und September blüht das "Saccharum officinarum" mit silbrig weissen, fedrigen Blütenständen. Nach 9 Monaten beginnt die Ernte. Seite: 30 – 31

Mauritius brennt. Im Juni, zum Erntebeginn, werden die Süssgrasfelder der *Zuckerinsel*, zur Erleichterung der Ernte, abgefackelt. Die Schnitter arbeiten in zwei Schichten rund um die Uhr vom Morgengrauen bis zur Dämmerung. In einer gesetzlich festgelegten Frist von 140 Tagen muß die ganze Ernte eingebracht und in den 21 Raffinerien der Insel verarbeitet sein. Seite: 32 – 33

Die harte Arbeit auf den Zuckerrohrfeldern ist oft Frauensache. Auf ihren Köpfen balancieren sie schwer beladene Körbe auf die Felder. Zu den Wahrzeichen der Zuckerinsel gehören die meterhohen *Wasserfontänen*, die von Hochdruckpumpen in den Himmel geschleudert werden. Die intensive Landwirtschaft ist nur durch eine ständige, automatische Bewässerung möglich. Seite: 34 – 35

Bizarre Bergformen zeugen vom vulkanischen Ursprung der Insel. Sonne, Regen und Wind formten die vor 100.000 Jahren erloschenen Vulkane. Die Ortschaft *Notre Dame* liegt zu Füssen der *Montagnes Longues*, dem *Pieter Both* und *Deux Mamelles*. Das Innere der Insel ist dicht besiedelt. Nach dem Ende der Sklaverei konnten sich hier die Kleinbauern ansiedeln. Seite:36 – 37

In den Bergen der zentralen Hochebene der Insel regnet es fast täglich. Das meiste Regenwasser wird in Stauseen gespeichert und für die Bewässerung der Plantagen, die in den trockenen, flachen Küstengebieten liegen, verwendet. In der regenreichen Zeit von Dezember bis Mai bieten die Wasserfälle, wie die *Kaskade* von *Balfour* unterhalb von *Beau Bassin*, den schönsten Anblick. Seite: 38 – 39

Der markante Felsbrocken, der "Kopf" des *Pieter Both*, ist von allen Bergen der Insel am schwierigsten zu besteigen. Nach einer Stunde Aufstieg können 6 – 8 Bergsteiger auf seiner kleinen Spitze einen Rastplatz finden. Trotz des allgemeinen wirtschaftlichen Aufschwungs der Insel dienen ihre Flüsse und Bewässerungsgräben weiterhin als grosser Waschplatz. Seite: 40 – 41

Von der 160 km langen Küstenlinie sind nur wenige Teile an der Südküste felsig, wild und zerklüftet. Hier fehlt das schützende Riff. Die großen Wellen aus der südlichen Hemisphäre krachen ungebremst auf die schwarze Küste aus erstarrter Lava. Eine Attraktion ist das *Blow Hole* bei der Ortschaft *Le Souffleur* mit seiner bis zu 100 Meter hohen Wasserfontäne. Seite: 42 – 43

BILDBESCHREIBUNG

Das größte Schutzriff hat sich in Jahrtausenden vor der Ostküste aufgebaut. Die Wellen brechen am Aussenriff und liefern den nötigen Sauerstoff für die reichhaltige Fauna und Flora. Vor der *Ile de L'Est* und der *Ile aux Cerfs* sind interessante Mangrovenwälder gewachsen. Der weisse Sand entsteht aus Muschel- und Korallenresten. Diese Strände sind eine der Hauptattraktionen für den Tourismus. Seite: 44 – 45

Die landwirtschaftlich nicht nutzbaren Uferzonen wurden durch den Tourismus zu den rentabelsten Regionen der Insel. Die schönsten Sonnenuntergänge, hauptsächlich im Juni, wenn auf Mauritius Winter ist, findet man im Westen der Insel. Langsam versinkt die Sonne am Horizont und die Milde einer tropischen Nacht streift sanft über die sonnenverwöhnte Haut. Seite: 46 – 47

Was der Tango für Argentinien, der Samba für Brasilien und der Walzer für Wien bedeutet – das ist der *Sega* für Mauritius. Dieser rhythmische Nationaltanz ist afrikanischen Ursprungs. Er wird von der kreolischen Bevölkerung der Insel leidenschaftlich getanzt und in farbenprächtigen Kostümen zelebriert. Fast jedes Hotel veranstaltet einmal in der Woche einen *Sega-Abend*. Seite: 48 – 49

Der Strand des *Bungalow-Hotels Trou aux Biches* bei Ebbe und im ersten Morgenlicht. Wenn die ersten Gäste unter den, mit Palmenstroh gedeckten, Sonnenschirmen Platz genommen haben, erscheinen die Strandverkäufer. Sie bieten: bunte indische Tücher, frisches Obst, Korallenschmuck und Muscheln. Die goldene Strandmeile erwacht zum Leben. Seite: 50 – 51

Die schönsten Wasserfarben entstehen in der großen *Lagune* vor dem *Morne Brabant*. Der Meeresboden aus weißem Korallensand, die tropische Sonne und der blaue Himmel und Wind reflektieren sich im kristallklaren, flachen Wasser der Lagune und sorgen stündlich für ein abwechslungsreiches Farbenspiel. Sie ist ein idealer Tummelplatz für die kleinen Laser-Boote. Seite: 52 – 53

Die grosse und glasklare, türkisfarbene, warme Lagune, die *Baie de la Petite Riviére Noire*, im Südwesten der Insel, zwischen der *Ile aux Benitirs* und dem *Morne Brabant* ist nur wenige Meter tief. An ihrer Küste stehen die Wochenendhäuser wohlhabender Mauritianer. Gemütliche Bootsausflüge vor der Küste erschliessen dem Besucher die Insel von ihrer landschaftlich schönsten Seite. Seite: 54 – 55

Der *Unterwasserspaziergang* in der *Grand Baie*, Ecke *Pointe aux Cannoniers*. Ein Taucherlebnis in 2,5 Metern Tiefe auch für Nichtschwimmer und Brillenträger; selbst die Frisur bleibt trocken. Es ist ein unterhaltsames Fünfzehn-Minuten-Vergnügen, inklusive einem Erinnerungsphoto. Die fünfstreifigen Riffbarsche werden von den Besuchern mit Brot angefüttert. Seite: 56 – 57

In der südwestlichen Ecke der Insel bei *Chamarel* liegt eine geologische Attraktion: *"Coloured Earth"* – die farbigen Erden. Eine gewellte, gebänderte Bodenformation leuchtet in rot, lila, pink, grün, blau, purpur, ocker und braun. Wahrscheinlich ist es oxidierte, vulkanische Asche, aber die Geologen haben bisher keine endgültige Erklärung für die Entstehung dieses Phänomens. Seite: 58 – 59

BILDBESCHREIBUNG

Der wohlschmeckende *Zackenbarsch*, wegen seiner Flossenzeichnung auch "Mondschwanz" genannt, ist ein guter und teurer Fang. Die Farben des Indischen Ozeans: bunte Papageifische, Juwelenbarsche, rote Snapper, Rocklobster und Langusten – frisch aus dem Riff – auf das Hotelbüffet. Für die Touristen ein tägliches Vergnügen, für die Einheimischen ein Sonntagsessen. Seite: 60 – 61

Die Hauptstadt *Port Louis* liegt an der Westküste mit über 170.000 Einwohnern und dem einzigen Tiefwasserhafen. In ihrer über 270-jährigen Geschichte wurde die Stadt mehrmals von Zyklonen hart getroffen und steht heute auf soliden Betonfüssen. Der *Caudan Waterfront Komplex* ist ein modernes Shoppingcenter. Im Hippodrom am *"Champ de March"* sorgt der zweitälteste Turf Club der Welt für spannende Rennen. Seite: 62 – 63

Wolkenbruch über *Port Louis*: Kurz, warm und erfrischend. Der chinesische Händler in der Royal Street hat zur Mittagszeit geschlossen. Der Kreole bietet an seiner Obstkarre importierte Orangen und Äpfel. Tagsüber ist die Business-Metropole Zentrum des Insellebens. Ab 17 Uhr und an den Wochenenden wirkt sie wie ausgestorben. Ausnahme sind die Samstage in der Pferderennsaison. Seite: 64 – 65

Der Ladenbesitzer an der belebten Strassenecke von *Port Louis* lockt die Kunden mit würzigen Düften. Die einheimischen Hausfrauen misstrauen den vorverpackten Angeboten aus den Supermärkten. Ausserdem ist in den Kolonialläden alles preiswerter. Reis, Curries, Zimt, Muskatnuss, Koreander, Safran, Pfeffer und Trockenfisch. Direktimporte aus dem Orient und Afrika. Seite: 66 – 67

Mangos in vielen Qualitäten, Avocados, Limonen und pfundweise Kürbisse sind das Angebot des Tages. Der *Zentralmarkt* von *Port Louis* ist in drei Zonen aufgegliedert. Der erste Teil ist für Obst, Gemüse, Gewürze und Heilkräuter reserviert, ein zweiter für Geflügel, Fleisch und Fisch. Der dritte Teil des Marktes ist überladen mit Korbwaren, Haushaltsgeräten, Textilien und Souveniers. Seite: 68 – 69

Im Febuar und März haben Tomaten, Kürbisse und Ananas Saison auf Mauritius. Sie werden von Kleinbauern oder Cooperativen angepflanzt und auf dem *Zentralmarkt* oder auf den engen Strassen von *Port Louis* vermarktet. Die sonnengereifte Ananas schmeckt köstlich süss und saftig. Die Verkäufer konkurrieren mit kunstvollen Aufbauten und Blickfängen. Seite: 70 – 71

Es ist nicht alles Schrott – auch wenn es so aussieht. Spezialhändler horten die kostbaren, weil nicht mehr lieferbaren Ersatzteile der englischen Oldies, wie zum Beispiel vom *Morris Minor*, die auf Mauritius' Strassen noch zahlreich im Einsatz sind. Autos sind auf allen Inseln ein besonders kostbares Gut. Auf importierte Ersatzteile und neue Autos kommen hohe Importzölle. Seite: 72 – 73

Die Riesenseerose *Victoria amazonica* im botanischen Garten von *Pamplemousses*. Dieser öffentliche Garten zählt zu den ältesten botanischen Anlagen der Welt. Engländer und Franzosen haben in der Kolonialzeit in allen ihren tropischen Besitzungen botanische Gärten angelegt, um die Nutzbarkeit der Pflanzen zu testen und somit ihre Gewinne zu steigern. Seite: 74 – 75

BILDBESCHREIBUNG

An der Westküste bei Sonnenuntergang übt eine *Sega-Folkloregruppe*. Der Ursprung vom Sega liegt in Afrika. Seine Musik und der Tanz sind aber nur auf den Inseln des Indischen Ozeans zu Hause. Im Sommer von Mauritius tauchen die blühenden *Flamboyants* ganze Landstriche der Insel in ein rotes Blütenmeer. Von der ursprünglichen Vegetation ist nur wenig erhalten geblieben. Seite: 76 – 77

Reinigungsritual und heiliges Bad von *Tamilen* in einem Fluss bei *Rose Hill* kurz vor dem *Feuerlauf*. Ein Betelblatt mit brennendem Weihrauch wird dem Fluss übergeben. Nach einer zehntägigen Fastenzeit bereiten sich die Bussgänger mit Opfergaben, beschwörenden Gebeten gegen böse Dämonen und tiefer Meditation auf den Höhepunkt der Zeremonie, den Feuerlauf, vor. Seite: 78 – 79

Der *Zentralmarkt* von Port Louis ist ein beliebter Treffpunkt und Nachrichtenbörse der Stadt. Die zwei Hausfrauen afrikanischer Herkunft unterhalten sich auf *kreolisch*, der *Verkehrssprache* der Insel. Die friedliche Co-Existenz der Kreolen, Afrikaner, Inder, Europäer und Chinesen und ihre unterschiedlichen Kulturen machen Mauritius zu einem besonderen Fleckchen auf dieser Erde. Seite: 80 – 81

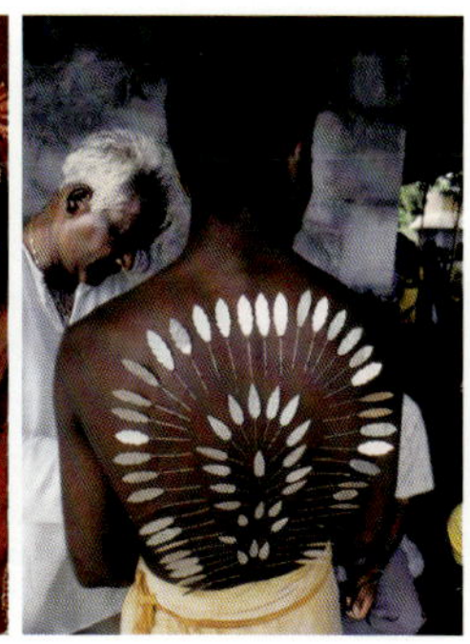

Indische Braut bei der Hochzeitszeremonie. Zum *Thai-Poosam-Kavadee*, einem wichtigen Feiertag der Tamilen, gehört *Body-Piercing* als Busse zum Ritual. *Ramesh Ramdoyal* schreibt über die multikulturelle Gesellschaft seiner Heimat, die sich in seiner Erzählung auf einer großen Hochzeit trifft. Das Wunder von Mauritius: Es gibt keine gravierenden Rassenprobleme. Seite: 82 – 85

Das *Maritim* an der Westküste in der Nähe von *Port Louis* ist eine der grossen, internationalen und luxuriösen *5-Sterne-Hotelanlagen*, auf die man in Mauritius stolz ist. Die wichtigsten Strandhotels, die die Küstenlandschaft von Mauritius prägen, werden in diesem Buch abgebildet. Für eine bessere Übersicht ihrer grossflächigen Anlagen wurden sie meistens aus der Luft photographiert. Seite: 86 – 87

Der Fang eines 520 Pfund schweren *Schwarzen Marlins* ist in den Gewässern von Mauritius keine Seltenheit. Hier werden Weltrekorde aufgestellt. Alle Wassersportarten können ausgeübt werden. *Karl Braunecker* schreibt von der sportlichen Vielfalt, den erstklassigen Einrichtungen und Ausrüstungen, zu Lande und zu Wasser, die auf der Insel und in ihren Hotels geboten werden. Seite: 88 – 89

Michael Friedel photographierte Mauritius aus der Luft, zu Lande und zu Wasser. Er erprobte neue optische Geräte. Diesmal photographierte er öfters von der Wasserlinie, also gleichzeitig halb unter und halb über Wasser. Vom Mast eines Katamarans oder aus dem Helikopter der *Air Mauritius* mit ausgehängter Tür. Der Photograph erzählt, wie die Aufnahmen entstanden sind. Seite: 90 – 91

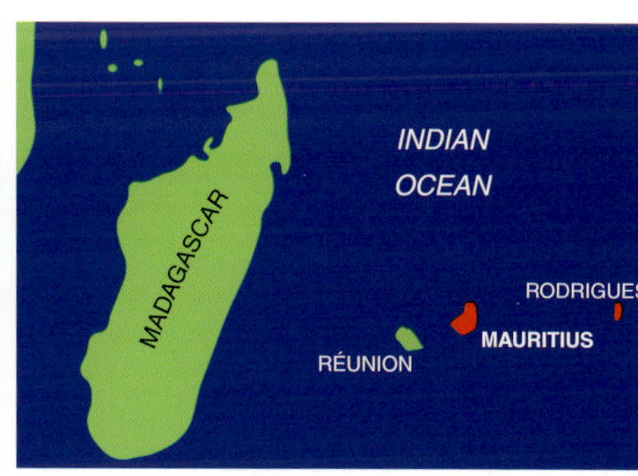

Auf den letzten Seiten:
ALLGEMEIN WISSENSWERTES
NÜTZLICHES
KLIMATABELLE
ENTDECKER- UND REISELITERATUR
LANDKARTE
IMPRESSUM
Seite: 92 – 96

ATIC
SIERES
RALES
LES HOTELS BEACHCOMBER
ILE MAURICE

SCHWEIZ
I love Switzerland
KLM AIRLINE OF THE YEAR.
STOHLER TOURS
GERMANY IS WUNDERBAR
Clever kommt weiter
GERMANY IS WUNDERBAR
AIR MAURITIUS
AIRBUS A340-300

Vor mehr als dreissig Jahren suchte ich zum erstenmal Mauritius auf der Weltkarte. Die Insel ist auf ihr noch viel kleiner als die Briefmarke, welche ihr zu internationalem Ruhm verholfen hat. Jeder kennt die Geschichte der "*Blauen Mauritius*" – aber wo die Insel selbst in der Weite des Indischen Ozeans zu finden ist, wussten damals nur wenige.

Nach 15 Stunden Flugzeit landeten wir auf der "grünen Insel". Der Flughafen *Plaisance* lag mitten in Zuckerrohrfeldern. Das bis zu 5 Meter hohe Zuckerrohr bildete eine Schneise entlang der Strasse bis zur Hauptstadt *Port Louis*. Nur ab und an war der Blick frei auf die zerklüfteten Berggipfel, die die Landschaft von Mauritius beherrschen. Es sind gezahnte, spitze Türme aus Vulkangestein, die vor Millionen von Jahren entstanden sind.

Unser Taxi, ein Oldtimer der Marke Morris, teilte sich die Strasse mit schwer beladenen Ochsenkarren, mit Lastwagen, die das geerntete Zuckerrohr im Eiltempo zur Raffinerie brachten, mit vollbehangenen Fahrrädern und Mopeds, mit Ziegen und Fussgängern. Wir kamen nur langsam voran. Zur Erntezeit bekommt die "grüne Insel" noch eine andere dominante Farbe: Das Rot des Feuers. Das Zuckerrohr wird für eine leichtere Ernte vorher abgefackelt. Meterhohe Feuerwände und Rauch tauchen die Landschaft in ein faszinierendes Farbenspiel. Vom Russ geschwärzte Menschen, Männer und auch Frauen, leisten Schwerstarbeit beim Abschlagen der klebrigen Rohre. Wir sahen ihnen eine Weile zu und erlebten die legendäre Freundlichkeit der Mauritianer. Lachend und winkend boten sie uns ein Stück Zuckerrohr zum Naschen an und fragten, woher wir kommen und was unser Ziel sei: Es war das *Trou aux Biches*-Hotel an dem gleichnamigen, kilometerweiten weissen Sandstrand, eine schon damals grosszügige Bungalowanlage der Luxusklasse. Dreissig Jahre später haben wir das gleiche Ziel, aber der Weg hat sich verändert.

Neue, mehrspurige Autobahnen führen durch die Insel. Alle internationalen Automarken, auch die der Nobelklasse, beherrschen das Strassenbild. Das noch niedrige, zartgrüne Zuckerrohr gibt einen herrlichen weiten Blick auf das zentrale Hochplateau, unterbrochen von den beeindruckenden Bergen, frei. Für eine gemütliche Landpartie haben wir keine Zeit. Unser Fahrer gibt Gas und schimpft über die anderen Fahrer, die das gleiche tun. Die rasante Fahrt wird, auf der zum Teil vierspurigen Schnellstrasse, von Fussgängern, parkenden Autos, Fahrrädern, Ziegen, Hühnern und Hunden behindert. Es ist gefährlich. Davon zeugen Unfälle. Nahe der Hauptstadt *Port Louis* wird die Fahrt unterbrochen. Wir stehen im Stau. In der kleinen Inselmetropole, wo über 170.000 Mauritianer wohnen, ist der Bauboom ausgebrochen. Hohe Betonbauten und der pompöse Wolkenkratzer der mauritianischen Staatsbank ragen in den Himmel, Containerschiffe liegen im Hafen, Ampeln regeln den Stossverkehr.

Endlich biegen wir ab, auf die Landstrasse nach *Triolet*. Das längste Strassendorf von Mauritius ist für das bald beginnende indische Fest *Maha Shivaratree* mit tausenden weissen Fähnchen dekoriert. Auf der engen, stark belebten Strasse, die den Ort durchschneidet, hat das Auge viel zu sehen: Marktstände mit tropischen Früchten, fahrbare Imbissstände, zwei Kolonialläden mit Pepsi- und Phoenix-Bier-Reklame, eine Bushaltestelle mit Frauen in bunten Saris, eine Gruppe moslemischer Koranschüler. Neben einem Schrotthändler – ein kleines Restaurant, eine Strickwarenboutique mit edlen Cashmere- und dicken Norwegerpullovern, die auf Mauritius für den Export gestrickt werden, eine kleine Moschee, aus der ein Muezzin laut zum Gebet ruft, ein staatliches medizinisches Versorgungszentrum, ein Kindergarten und der *Hindu-Tempel Shivala*, der zu den prächtigsten Sakralgebäuden der Insel gehört. An der kleinen Polizeistation biegen wir rechts ab zum Hotel. Von den insgesamt 160 km Sandstrand, die die Insel einrahmen, hat das *Trou aux Biches*-Hotel einen der schönsten Teile belegt. Aber alle Strände auf Mauritius sind öffentlich, und es herrscht ein reges Handeln und Treiben. Der kilometerlange Hotelstrand eignet sich auch als Kulisse für Hochzeiten. Reiseveranstalter locken mit Sonderangeboten: "Hochzeit im Paradies". Vor Badematten und eingeölten Sonnenanbetern sitzt lächelnd, unter Schleier und Frack grausam schwitzend, ein europäisches Brautpaar auf dekorativen Pfauenstühlen. Der Hochzeitsmarsch kommt aus dem Kassettenrecorder, die Hoteldirektion serviert Sekt und eine Hochzeitstorte bei mindestens 50 Grad im Sonnenschein. Neben der im Preis inbegriffenen Videoaufzeichnung gibt es noch einen kurzen

Bootstrip im Wasserskiboot, den Ehrenplatz bei der abendlichen Sega-Folkloreshow mit anschliessendem Diner und den Eröffnungstanz in der Disco.

Über 50.000 Mauritianer arbeiten für den Fremdenverkehr. Neben den Zuckerrohrplantagen und der Textil-Industrie ist der Tourismus das dritte Bein der expandierenden Wirtschaft. Über 660.000 Gäste kamen im letzten Jahr auf die Insel.

Wer die allerersten Besucher auf der Insel waren, ist nicht zu sagen. Arabische Seefahrer zeigten 1507 den ersten portugiesischen Entdeckern den Weg nach dem heutigen Mauritius. Das Eiland war menschenleer. Es gab nur einige bis dahin unbekannte Tier- und Pflanzenarten. Die eigentlichen "Ureinwohner" der Insel waren die "Dodos", flugunfähige Putenvögel, auch "*Dronten*" genannt. Die bis zu 25 kg schweren Vögel waren leicht zu fangen und bereicherten den Speisezettel hungriger Matrosen. Francois Leguat, der im Jahr 1691 als einer der ersten französischen Siedler nach Rodrigues kam, einer Nachbarinsel von Mauritius, berichtet von einem Verwandten des "*Dodo*", dem "Solitär": "Im Wald sind sie schwer zu fangen, aber um so leichter im Freien, denn wir laufen schneller als sie. Sobald die Tiere gefangen sind, vergiessen sie Tränen, und sie verweigern jede Art von Nahrung, bis sie sterben." Nach 1681 wurde kein lebender Dodo mehr gesehen. "*Dead as a Dodo*" wurde zum englischen Sprichwort für Dinge, die es endgültig nicht mehr gibt.

Die Portugiesen interessierten sich nur kurzfristig für die unbewohnte Insel, auf der es nichts zu handeln und nichts zu holen gab. Ihnen folgten die Holländer. 1638 tauften diese ihre Proviantinsel, die auf halbem Weg zwischen dem Kap und Ceylon lag, auf den Namen "Mauritius" – nach dem Prinzen Moritz von Nassau. Sie gründeten die ersten Siedlungen "Warwijkk's Haven" und "Flacq", brachten das Zuckerrohr und eine Hirschart aus Java, die bis heute den insularen Speisezettel bereichert. Aber auch die Holländer konnten sich nicht lange halten. Die Edelhölzer waren bald abgeschlagen, Bodenschätze gab es keine, und vor allem fehlten genügend Menschen, von denen sie Tribute und Arbeitsleistungen erpressen konnten. Rattenplagen, Wirbelstürme, Desorganisation und tropische Krankheiten machten das Leben zur Hölle. Fünf Jahre nachdem die Holländer ihre gesamte Niederlassung den Flammen übergeben hatten, kamen die Franzosen nach Mauritius und tauften ihre Neuerwerbung "Ile de France". Sie begannen im grossen Stil den Anbau von Zuckerrohr, Baumwolle, Getreide und Gewürzen. Die nötigen Arbeitskräfte kauften sie auf dem internationalen Sklavenmarkt, denn nur mit Legionen von Sklaven konnten die weissen Europäer dort Fuss fassen und die Insel zur Kolonie erblühen lassen. Im Gegensatz zu den Holländern waren die Franzosen über Rassenschranken erhaben und mischten sich kräftig mit ihren afrikanischen Sklaven. Die Insel wurde ein berüchtigter Schlupfwinkel französischer Piraten, die so manches Schiff der britischen "East India Company" aufbrachten. Doch nach den von Frankreich verlorenen Napoleonischen Kriegen ging es auch mit der fröhlichen Seeräuberei auf der "*Ile de France*" zu Ende. 1811 eroberten die Briten die Insel und räucherten die Piratennester aus. Unter ihrer vierten Kolonialflagge hiess die Insel nun wieder "*Mauritius*".

1835 kam es in allen britischen Kolonien zur Sklavenbefreiung. Daraufhin verliessen die afrikanischen Sklaven die Zuckerrohrplantagen von Mauritius. Sie weigerten sich, für wenig Geld weiter für ihre früheren Unterdrücker zu arbeiten. Damit die Zuckerproduktion nicht zum Erliegen kam – was Mauritius als Kolonie wertlos gemacht hätte – holten die Briten Kontraktarbeiter aus den überbevölkerten indischen Südprovinzen und aus China herbei. Bis in die zwanziger Jahre des 20.Jahrhunderts wurden insgesamt 453.000 Kulis, davon 103.000 Frauen, auf die Insel geholt. Nur wenige schafften den Weg in die Heimat zurück. Chinesen aus Hongkong organisierten bald den Kleinhandel und gründeten die ersten Spielhöllen auf der Insel. Pakistanische Moslems, wegen ihrer Sauberkeit geschätzt, eröffneten Garküchen und Imbissstände.

Die Insel wurde zum Spiegelbild des britischen Empire mit französischem Flair; denn die französischen Zuckerbarone und Geschäftsleute blieben auch nach der britischen Übernahme auf ihren Besitzungen. Für die Menschen aus Europa, Afrika und Asien wurde die nur 2.000 Quadratkilometer grosse Insel zur neuen Heimat. Alle Mauritianer sind freiwillig oder unfreiwillig "Zugereiste".

Auf der seit 1968 unabhängigen, demokratisch regierten Insel leben heute über eine Million Einwohner, d.h. 590

Einwohner pro Quadratkilometer. Ethnische und kulturelle Vielfalt, der tolerante, freundliche Umgang im Miteinander machen die Faszination von Mauritius aus. Lächeln und Lachen sind ein insularer Wesenszug, sozusagen das Schmieröl im komplizierten Getriebe. 15 gesetzliche Feiertage, Radiosendungen in 10 Sprachen regeln das vielfältige Völkergemisch. Die offizielle Verkehrssprache ist Englisch, aber von fast allen wird Kreolisch (französisch/afrikanisch) gesprochen und verstanden.

Das Fest *Maha Shivaratree* ist das grösste Ereignis im Jahr. Über 300.000 weissgekleidete Hindus begeben sich im Februar in einem tagelangen Religionsmarathon aus allen Richtungen der Insel zum *Grand Bassin*, dem sechshundert Meter hoch gelegenen heiligen Kratersee im Süden der Insel. Auf ihren Schultern balancieren sie meterhohe und weit ausladende phantasievolle Bambusgestelle mit Shivadarstellungen, *Kanwar*, die mit Seidenpapier umwickelt, mit Blumen, Spiegeln und Glitter versehen wurden.

Früh am Morgen, bevor die Heerscharen der Pilgergruppen die Autobahnen und Ortschaften blockieren, starten wir zum Grand Bassin. Der Himmel ist an diesem Tag leicht bedeckt, was den Pilgern sicher ihren strapaziösen Marsch erleichtert. Auf der Hauptstrasse kommen uns die ersten Pilgerzüge entgegen. Im Schritttempo passieren wir die kleinen Pulks fröhlich singender, ekstatisch im Rhythmus klatschender Jugendlicher. An den Strassenrändern und in den Dörfern werden die Wallfahrer von jubelnden Einheimischen erwartet, die ihnen Wasser und Obst zur Erfrischung reichen. Je näher wir dem *Grand Bassin* kommen, um so mehr sind den Gläubigen die Strapazen anzusehen. Barfuss, in verschlissenen Gummischlappen oder mit in Stoff eingewickelten Füssen schleppen sie sich die immer steiler werdende Bergstrasse zwischen den Teeplantagen hinauf. Ihnen kommen die ausgeruhten Pilger mit Flaschen heiligen Seewassers entgegen, die schon wieder auf dem Rückweg sind. Der Himmel verfinstert sich nun immer mehr, heftige Sturmböen zerren an den Bambusgestellen, und schlagartig setzt Regen ein. Trocken und bequem, aber auch mit einem schlechten Gewissen, fahren wir an den von Sturm und Regen Gebeutelten vorbei. Aus dem Radio kommt die erste *Zyklonwarnung*. King How, unser chinesischer Begleiter, beruhigt uns. Warnstufe 1 hat nicht viel zu bedeuten, der Zyklon ist noch weit von Mauritius entfernt und kann auch eine ganz andere Richtung einschlagen.

Am *Mare aux Vacoas*, dem grössten Süsswassersee und Trinkwasserreservoir der Insel, ist unsere Fahrt beendet, die Strasse für Autos gesperrt. Die letzten hundert Meter gehen alle, auch die Fusskranken, zu Fuss. Zahllose geschmückte Bambusgestelle, ein Tempel, grosse Zelte mit erschöpften Pilgern, eine volle Ambulanz, Getränke- und Essensstände drängen sich am Kraterrand. Zehntausende Gläubige belagern die Treppen und das tiefer liegende Ufer des Sees. Lärmende indische Musik und die Stimmen der aus der indischen Mythologie rezitierenden Priester hallen aus Lautsprechern über den kleinen See. Die Pilger bitten den Gott Shiva um Vergebung ihrer Sünden. Sie übergeben ihre Opfergaben andächtig dem heiligen Wasser. Dazu gehören Bananen, weisse Blumen, kleine Schiffchen aus Blättern mit brennenden Kerzen und die Milch der Kokosnuss, die langsam ins Wasser gegossen wird. Unbeeindruckt von Regen, Sturm und drangvoller Enge macht man lächelnd den Nachfolgenden Platz. Zu unserer Verwunderung nehmen auch viele Kreolen an der Hinduzeremonie teil. Für unseren chinesischen Begleiter King, der vor drei Tagen zum Katholiken Joseph getauft wurde, ist das eine ganz normale Sache auf Mauritius. Auch die Götter anderer Religionen haben eine Macht. Am besten, man beschwichtigt sie alle. Das Nebeneinander der vier grossen Weltreligionen – *Hinduismus, Islam, Christentum und Buddhismus* – hat zu einer grossen Glaubenstoleranz geführt. In fast jedem Ort auf Mauritius gibt es Hindutempel, Moscheen und Kirchen. In Port Louis auch chinesische Pagoden. Weihnachten ist ein offizieller Festtag für alle Religionen. Wie bei den Christen werden alle Häuser weihnachtlich geschmückt und Geschenke verteilt.

Über die Lautsprecher wird eine neue Zyklonwarnung der Stufe 2 durchgegeben. Das bedeutet den Abbruch des Festes. King-Joseph drängt zur Eile – Stufe 3 bedeutet absolutes Fahrverbot. Zyklone – das sind Wirbelstürme mit wohlklingenden Mädchennamen – stellen immer ein unberechenbares und gefährliches Phänomen dar. Sie sind eine regelmässige Heimsuchung der Insel und ihr Schicksal. Wie zum Beispiel am 29. April 1892, wo innerhalb von zwei Stunden

1200 Menschen getötet und über 2000 verwundet wurden. Ein Drittel aller Häuser in Port Louis wurde zerstört und etwa 20.000 Menschen obdachlos. Seit den 60er Jahren werden deshalb nur noch Betonhäuser gebaut. Sie halten den Zyklonen stand, sind aber nur selten eine Freude fürs Auge. Gut erhaltene Kolonialbauten – wie das älteste Bauwerk der Insel, der Regierungspalast in *Port Louis*, der 1736 vom französischen Gouverneur *Mahé de Labourdonnais* erbaut wurde – sind eine Seltenheit geworden. Die kleine Metropole strahlt den Charme eines leicht vernachlässigten Inselstädtchens aus. Von der alten, reichen Kolonialarchitektur ist nur noch wenig übriggeblieben. Zweckmässige Betonbauten und Bretterbuden prägen das Stadtbild.

Unsere Rückfahrt ist stürmisch. Regen, Äste und Blätter peitschen gegen die Scheiben. Lastwagen werden mit Pilgern beladen. Endlich im Hotel angekommen, erkennen wir es kaum wieder. Alle Scheiben wurden mit Brettern vernagelt, die Rezeption, die Bar und das Strandrestaurant völlig ausgeräumt, die Boote weit auf den Strand hinaufgeschoben. Ein grosses Schild bittet die Gäste, in ihren Zimmern zu bleiben. Bis auf weiteres. Im Fernsehen wird halbstündlich über den Verlauf des Zyklons "Ingrid " berichtet. Erst am nächsten Morgen gibt es Gewissheit: Mauritius hat Glück gehabt. "Ingrid" tobt sich weit draussen im Meer aus, aber tagelanges Regenwetter, eine tropische Depression, beutelt die sonnenhungrigen Badegäste. Die Mauritianer müssen mit diesen Naturkatastrophen, die besonders in der Zeit von Januar bis März in regelmässigen Abständen auftreten, leben. Zwei andere todbringende Geisseln, Cholera und Malaria, konnten hingegen 1952 durch grossen finanziellen und technisch-chemischen Aufwand besiegt werden.

Nach der Entwarnung geht das Leben weiter. Gelbgekleidete Tamilen bereiten sich bei der Ortschaft *Rose Hill* auf den *Feuerlauf*, einen Bussgang über glühende Kohlen, vor. Der Anblick sei furchterregend – meint selbst das staatliche Fremdenverkehrsamt in Mauritius. Früh am Morgen versammeln sich die Gläubigen vor ihrem kleinen Tempel inmitten hoher Zuckerrohrfelder. Unter lauten Gebeten werden Mittags in einer sechs Meter langen, flachen Grube Baumstämme und Äste entzündet. Anschliessend unterziehen sich die Teilnehmer einer rituellen Waschung im nahe gelegenen Fluss. Dass zur gleichen Zeit im Fluss auch Wäsche gewaschen wird, dass Unrat vorbeischwimmt, dass aus einem Gasthaus der laute Gesang fröhlicher Chinesen herüberschallt und der Muezzin zum Gebet ruft, stört niemanden in seiner Konzentration. Und die brauchen sie: Die Haut der gläubigen Büsser wird von Priestern mit spitzen Nadeln und Haken durchstochen, ihre Wangen und Zungen mit Spiessen durchbohrt. Es fliesst, man mag es kaum glauben, kein Blut. Angeblich machen Fasten und Konzentration den Körper unempfindlich gegen die Pein. Aber einige Gesichter und manchmal auch Tränen sprechen dagegen. In einer langen Prozession bewegen sich Gläubige und Büsser barfuss und in Trance zum Tempel, wo sie das Bett aus Asche und glühender Holzkohle erwartet. Obwohl es an diesem Tag fast ununterbrochen regnet, zieht der spektakuläre Feuerlauf hunderte von Schaulustigen an. Die Gastfreundschaft der Mauritianer beweist sich auch hier wieder. Mit einer freundlichen Geste werden wir nahe an das Gitter geschoben, wo uns die Hitze der glühenden Kohle ins Gesicht schlägt. Als erste betreten die Priester den Holzkohlengrill. Die Wartenden versuchen ihre Aufregung zu verbergen, aber ihre verkrampften Gesichter, ihre wie Espenlaub zitternden Körper, der starre Blick und der schnelle Atem zeugen von grosser Anstrengung. Dann geht alles ganz schnell. Nach den Priestern wagen in rascher Folge die Männer und anschliessend die Frauen das Abenteuer. Der letzte Schritt in ein mit Wasser und Milch gefülltes Becken ist für alle eine grosse Erlösung. Ungläubig starre ich auf ihre Füsse und sehe keine Verbrennungen. Vor lauter Anspannung habe ich mir den Finger an einer Zigarette verbrannt. Die ängstliche, ehrfürchtige Stimmung ist plötzlich gebrochen. Gelöst und heiter ziehen die Feiernden in das Innere des Tempels, wo sie nach zehntägiger Fastenzeit ein Festmahl erwartet.

Für unser Pech mit dem Wetter wurden wir von den Mauritianern reichlich belohnt. Anstatt nur am Strand zu braten, haben wir uns auf den Weg gemacht und ein Stück ihrer Kultur und ihres Lebens kennengelernt. Das Faszinierendste an der Insel Mauritius sind seitdem für uns – ihre kosmopolitischen Bewohner.

Marion Friedel

PEPSI
VITAL
1325
Coca-Cola

31
LOCSWEET
ORANGES
KROMCO

AI-TUNG

GOSSAGE

ZIZI STORE
LAM HING FOO
LAMH
ZIZI
SPRAY DRIED FULL CREAM

3.00
3.00

25.00
20.00
18.00
15.00

FARQUHAR
STREET
GUINNESS
is good for you
Coca-Cola
Mil
tara
UNIGRAPE
OMCO
ELGIN APPLES
CLASS 1

MAURITIUS LIFE

Pakistanerin

Jummah – Moschee, Port Louis

Tamilenfest

Teeplantage

Feuerlauf bei Rose Hill

Languste am Trou aux Biches

Maha Shivaratree Fest am Grand Bassin

Hindu-Tempel

Port Louis nach 17 Uhr

Kreolenplausch im Zentralmarkt von Port Louis

Casino Domaine Les Pailles

Indische Hochzeit

Dodo – im Museum von Port Louis

Fischer vor Tamarin

Tamilentempel bei Notre Dame

Chinesische Pagode in Port Louis

Starthilfe zum Pferderennen

Queen Victoria

Chinesischer Kolonialhändler

Einladung zur Bootsfahrt bei Riviére Noir

Moderne Zeiten in Port Louis

Kreolischer Kolonialladen am Cap Malheureux

Kolonialarchitektur in Curepipe

Nach über 15 Jahren kam ich wieder in mein Heimatdorf Riviére du Rempart, um dort der Hochzeit einer Nichte beizuwohnen, die ich zum letzten Mal gesehen hatte, als sie noch ein Kind war. Nun fuhren wir durch den Bezirk von Riviére du Rempart mit seinen üppigen Zuckerrohrplantagen und den kleinen Dörfern, die mich an meine Kindheit erinnerten und mir klarmachten, wie schnell sich hier alles verändert hatte. Entlang der gut geteerten Hauptstrasse standen moderne Betonbauten, und geschäftige Ladenarkaden wechselten sich ab mit alten Strohhütten und kleinen Häuschen aus Holz und Wellblech. Es gab eine ganze Reihe neuer Schulen und Colleges, und einige der Tempel, Kirchen und Moscheen waren erst vor kurzem errichtet worden. Es schien mir, als stünde mein Heimatdorf zögernd an der Schwelle zwischen Vergangenheit und Zukunft, der Grenze zwischen Tradition und Moderne.

Die grosse, über den Hof gespannte Hochzeitsplane und die indische Filmmusik, die in voller Lautstärke aus den Boxen kam, zeigten uns, dass wir unser Ziel erreicht hatten.

Wie üblich bestand die Gruppe der Hochzeitsgäste aus einer heiteren Menschenmenge mit Vertretern jeder Hautfarbe, Rasse und Religion, die die multikulturelle Bevölkerung von Mauritius ausmachen. Als mein Cousin mich erkannte, kam er sogleich auf mich zugerannt. Seine korpulente Gestalt verhüllte er gut unter einer auffälligen, cremefarbenen *kurta*, einer langen indischen Weste, und dem *dhoti*, einem traditionellen indischen Kleidungsstück, das ausschliesslich bei religiösen Zeremonien getragen wird. Auf dem Kopf trug er seinen gelben *pugri*, den Turban, der seinem Auftreten einen besonderen Hauch von Wichtigkeit verlieh. Gewöhnlich kleidete er sich zu Hause und bei der Arbeit eher wie ein Europäer.

Männer und Frauen sassen getrennt. Die Kleidung der Gäste spiegelte eine interessante Mischung aus Ost und West wieder. Die Männer trugen entweder Jackett und Krawatte oder, etwas legerer, ein elegantes Hemd und Hose. Bei den Damen prägten anmutige und farbenprächtige *saris* das Bild, wenn sich auch die jüngere Generation lieber in *churidaar – kameez*, das sind enge Pyjamas mit weiten Röcken, flotten europäischen Kleidern und Hosenanzügen bewegten. Die moderne Mauritianerin kleidet sich europäisch, doch bei besonderen Anlässen hält sie immer noch an der traditionellen Kleidungsweise fest.

Die *haldi*-Zeremonie war nun in vollem Gang, und der *pundit*, der Priester, leierte die Gebete und Zauberformeln auf Sanskrit, der klassischen arischen Sprache, herunter. Der Zeremonie widmeten nur die Gäste ihre Aufmerksamkeit, die sich in der Nähe der Bühne versammelt hatten, auf der die Trauung stattfand. Zahlreiche Gäste unterhielten sich über weltlichere Dinge. Dabei ging es in erster Linie um die drei beliebtesten Freizeitbeschäftigungen der Mauritianer: Politik, Fussball und Pferderennen. Plötzlich riss mich eine bekannte Stimme aus meinen Gedanken. Es war André Lee Hee Sheong, ein erfolgreicher Geschäftsmann und bekannter chinesischer Politiker, der mit seiner Ehefrau neben mir Platz nahm. Ich begrüsste sie und vergass dabei nicht, ihnen beiden, und insbesondere seiner Frau Huguette, für den *gâteau la cire*, den Reiskuchen, zu danken, den sie mir anlässlich des chinesischen Neujahrs vor einem Monat geschickt hatten. "Was für eine reizende Braut!", rief Huguette. "Man sagte mir, sie habe gerade ihr Studium in England abgeschlossen und den Jungen dort kennengelernt." Huguette meinte, dass Liebeshochzeiten heutzutage wohl in Mode seien. Ihr Sohn Xavier hätte nun ein Mädchen aus einer sehr angesehenen kreolischen Familie gefunden und sie hätten ihr Einverständnis zur Hochzeit gegeben. Ihre Stimme klang etwas gezwungen. Erst vor ein paar Jahren hatte sie mir gesagt, dass sie nicht an gemischte Ehen glaube. Sie hatte es stets als selbstverständlich angesehen, dass ihre Kinder ihren Lebenspartner aus der chinesischen Gemeinde wählen würden. Bei den meisten asiatischen Familien in Mauritius waren bis vor kurzer Zeit arrangierte Hochzeiten üblich, doch die Jungen wollen davon nichts mehr wissen.

Nachdem der Priester seine Beschwörungen beendet hatte, entfernte er sich und die Braut wurde in die Mitte des Zeremonienaltars gesetzt. Frauen begannen nun, sie mit *haldi*, einer Mischung aus Gelbwurz und Öl, einzusalben,

was Glück bringen soll. An Stelle der Lautsprechermusik hörte man nun die traditionellen Hochzeitslieder, die die alten Frauen der Gemeinde anstimmen.
Mein Cousin bat die Gäste zu dem traditionellen Hochzeitsessen. Obwohl sich die Essgewohnheiten der Mauritianer aus der aussergewöhnlichen Mischung der afrikanischen, französischen, indischen und chinesischen Küche entwickelten, besteht das zeremonielle *baldi*- Festessen auch heute noch vor allem aus indischer, streng vegetarischer Kost. Ich nahm neben einem anderen alten Freund Platz, einem islamischen Rechtsanwalt, der von einem ausländischen Botschafter begleitet wurde. Der Botschafter erkundigte sich nach den islamischen Hochzeiten in Mauritius. Mr. Cassimally antwortete ihm, dass die Moslems ihrer Religion und Kultur sehr eng verbunden geblieben seien und dass sie in der Tat immer noch in traditioneller Art und Weise gefeiert würden. Er fügte hinzu, dass die Moslems, wie alle anderen Mauritianer, den modernen Einflüssen gegenüber, die unser Leben revolutionieren, sehr empfänglich seien und dass eben dieses Festhalten an den traditionellen Werten der Grund dafür sei, dass Mauritius trotz der schnellen Industrialisierung und dem wild wuchernden Materialismus seine Seele noch nicht verloren habe. Der Botschafter stimmte ihm zu und sagte, er habe selber zahlreiche mauritianische Freunde unterschiedlicher Herkunft, die auch unterschiedlichen Gemeinden angehören. In dieser Hinsicht seien sie sehr kosmopolitisch, sie könnten jedoch auch sehr traditionsverbunden sein. Er erzählte von einem Freund, der Tamile war und den er regelmässig bei Cocktails und auf Parties traf. Eines Tages hielt er an einem kleinen Tempel, an dem gerade eine Schwert- und Feuerzeremonie abgehalten wurde. Er glaubte seinen Augen nicht zu trauen, als er dort seinen Freund Swawmy sah. Mit gelbem *lungi*, blossem Oberkörper und die Stirn mit Asche beschmiert, lief dieser barfuss über die glühenden Kohlen. Er sagte, er habe etwa 10 Meter vom Feuer entfernt gestanden und die Hitze sei fast unerträglich gewesen. Ich sagte ihm, dass Feste in der Tat ein wichtiger Bestandteil unseres Lebens seien und dass die meisten Mauritianer durch sie ihre religiöse Leidenschaft und Sehnsucht nach Gott stillen. All die Religionen, die in Mauritius praktiziert werden, wecken in uns die Liebe zu unseren Nachbarn.
Der Botschafter meinte, es sei wirklich bemerkenswert, wie eine derart grosse Vielfalt der Rassen, Religionen und Sprachen auf einer so kleinen Insel in Friede und Harmonie zusammenleben könne. Er fragte mich, was denn unser Geheimnis des Zusammenlebens sei.

Vielleicht hat es etwas mit unserer Geschichte und der geographischen Lage zu tun. Mauritius hatte keine eigene Bevölkerung, als die ersten Menschen auf der Insel landeten. Auf diese Weise kann niemand sagen, die Insel gehöre zuerst ihm und dann den anderen. Ausserdem haben wir den Grossteil unserer bekannten Geschichte in beinahe völliger Isolation verbracht, Meilen entfernt von allem. Wir sind voneinander abhängig. Unsere Abgeschiedenheit sorgte auch dafür, dass wir an unseren Grenzen keine starken Nachbarn hatten, die eventuell eine zu grosse Vorliebe zu uns oder unserem Land entwickeln konnten. Doch die geographische Lage und die Geschichte sind nicht die einzigen Faktoren, die für unseren multikulturellen Erfolg verantwortlich sind. In Mauritius wurde bewusst und zielstrebig versucht, allen ethnischen Gruppen die gleichen Rechte zu garantieren. Die Gleichberechtigung wird durch unser Gesetz festgelegt. Unsere Verfassung verbietet jede Form der Diskriminierung aufgrund von Rasse, Geschlecht oder Religion und sichert die Vertretung aller Minderheiten im Land.
Auch hat Mauritius einiges zum Schutz seines Kulturerbes unternommen. Der Hauptgarant des gesellschaftlichen Zusammenhalts und der wirtschaftlichen Entwicklung ist das Bildungssystem. Schulen und Universitäten sind gebührenfrei, beinahe 100 Prozent der Kinder sind in Grundschulen eingeschrieben und es besteht Schulpflicht. Mauritius hat die niedrigste Analphabetenquote der Entwicklungsländer. Den Schulen des Landes als einzelner Faktor muss die grösste Bedeutung hinsichtlich der Einheit der Nation beigemessen werden. Nun, da wir am Anfang des 21. Jahrhunderts stehen, können wir auf unsere kulturellen sowie wirtschaftlichen Erfolge durchaus stolz sein, doch wir wissen, dass unsere gesellschaftliche Struktur zerbrechlich und unsere Wirtschaft verwundbar ist. Wir sind uns mehr denn je dessen bewusst, dass der Preis für unsere multirassische Harmonie, wie auch der der Freiheit, ewige Wachsamkeit ist.

Ramesh Ramdoyal

HOTELS

Royal Palm

Veranda

Belle Mare Plage

Le Saint Géran

Le Victoria

Beau Rivage

Le Mauricia

La Pirogue

Imperial

Klondike

Merville

Trou aux Biches

Maritim

Berjaya Le Morne

Le Grand Gaube

Shandrani

Ambre

Silver Beach

Villas Caroline

Le Paradis

Paradise Cove

Point aux Cannonier

Le Touessrok

Ein Paradies! – so oder ähnlich wird Mauritius häufig genannt. Aber Paradiese haben ihre eigenen Regeln. Meine Erfahrung mit Paradiesen ist, dass man sie nicht einfach betritt, sondern dass man sie entdeckt – auf ganz persönliche Weise und durch eigene Initiative. Das gilt auch für Mauritius.

Viel Raum für Aktivität bieten die luxuriösen Hotelanlagen rund um die Küste. Es sind perfekt geschaffene Urlaubsinseln inmitten der eigentlichen Insel, die nicht nur zum süssen Nichtstun einladen, sondern die ihren Gästen, neben erstklassigem Service, auch alle nur denkbaren *Sportarten* bieten. *Wassersport* ist selbstverständlich, dazu gehören *Tauch-* und *Schnorchelkurse*, auch wenn Mauritius keine ausgesprochene Taucherinsel ist, *Wasserski* ist mancherorts sogar kostenlos. Ideale Voraussetzungen bieten sich für *Tennis-* und ganz besonders für *Golffans*, für Anfänger wie für Profis. Die Hotels Belle Mare, Le Paradis, St. Géran und Shandrani sind von Golfplätzen eingerahmt. Bemerkenswert ist die von Bernhard Langer konzipierte Anlage auf der Trauminsel "Ile aux Cerfs". Man braucht schon einige Tage, um sich von diesem imponierenden Angebot der Hotels loszueisen und Eigeninitiativen zu entwickeln. Aber es lohnt sich - Mauritius ist viel mehr als die besagten perfekten Urlaubsbiotope.

Nach einem Rundflug mit dem Helikopter war ich restlos begeistert. Mauritius aus der Luft machte Lust - auf mehr Mauritius. Der Kapitän der Lüfte gab mir den Tipp, die Insel auch von einem Schiff aus, wie die alten Seefahrer, zu entdecken. An fast allen Hotels können Boote und Katamarane gechartert werden. Tägliche *Segelturns*, z.B. vom Shandrani Hotel in der Blue Baie zur Ile aux Cerfs, durch türkisblaue Lagunen, entlang der Küste mit den pittoresken Bambou Mountains und vorbei an den kleinen, vorgelagerten Inselchen vermitteln eine Ahnung davon, warum sich schon Joseph Conrad an dieser "Perle des Ozeans" begeistert hat: "... und sehr bald war ich bezaubert von diesem blau aufsteigenden Bild mit seinen Bergspitzen. Fast durchsichtig, eine blosse Strahlung, hob sich der Astralleib einer Insel gegen den hellen Himmel ab, um mich von weitem zu begrüssen. Ein seltenes Phänomen, dieser Anblick der Perle." Keine Übertreibung, auch wenn grossflächige Zuckerrohrplantagen die Insel prägen.

Die reizvollen Regionen der Insel, vor allem in den Bergen und an der Küste, erkundet man am besten *zu Fuss*. Bei einer ausgedehnten *Wanderung* erhält man mehr Eindrücke, als jeder Reiseführer vermitteln kann. Für grössere Touren empfiehlt es sich, sich einem einheimischen Pfadfinder anzuvertrauen. Das gleiche gilt für die Besteigung der bizarren Berge. Der markante Gipfel des *Pieter Both* erfordert alpinistische Erfahrung und eine gute Kondition. Nicht jedermanns Sache, aber eine der aufregendsten sportlichen Aktivitäten, ist das *Hochseefischen*. Die Gewässer um Mauritius geniessen internationalen Ruf, und das Preisniveau ist verglichen mit anderen Hochseeangelzielen günstig. Nirgendwo gibt es soviele *Blaue Marline* wie hier. Anglerglück – fast garantiert! Zur Erinnerung bekommt der Angler ein Photo, Fang und Erlös gehören dem glücklichen Skipper. Auch passionierte Jäger kommen auf Mauritius auf ihre Kosten. Jährlich werden 2000 *Javahirsche* zum Abschuss freigegeben. Die Sechsender leben frei in den Bergen des Rivére Noire und vor allem in grösseren Gehegen.

Das interessanteste auf Reisen ist aber immer die Begegnung mit der Bevölkerung ausserhalb der isoliert gelegenen Touristenanlagen. Dazu eignen sich die vielen Feste oder der Besuch in einem *Fussballstadion*. Für die meisten Mauritianer ist Fussball der Sport. Die Spiele der Amateurmannschaften bieten ein spannendes, fröhliches Vergnügen mit viel Lokalkolorit. Ihr erfrischendes Wesen und ihre Leidenschaft zeigen die Mauritianer aber besonders beim *Pferderennen*. Die Rennen werden vom zweitältesten Reitclub der Welt organisiert, dem "Mauritius Turf Club" in Port Louis, und finden in der Zeit von Mai bis November statt. Im Hippodrom am "Champ de Mars" trifft sich Samstags ganz Mauritius, angefangen von den mächtigen Zuckerbaronen, den Rennstallbesitzern bis hin zum einfachen Volk hinter den Tribünen und im Zentrum der Rennbahn. Hier geben sich die Mauritianer wie sie sind - herzlich, fröhlich, mit einem abenteuerlichen Hang zu Wetten, der meist in keinem Verhältnis zu ihrem Einkommen steht. Das ist bezeichnend für die Mauritianer, bei denen leben auch geniessen heisst. Und das ist auch die Maxime für einen Urlaub auf dieser "Perle des Ozeans".

Karl Braunecker

Mauritius habe ich Im Sommer 1972, zum ersten Mal, für die Lufthansa photographiert. Ein neues Zeitalter des Tourismus hatte begonnen. Mit den Jumbo-Jets, – den Gross- und Langstrecken-Flugzeugen, wurden die entfernten Tropeninseln, so auch Mauritius, zu erreichbaren Urlaubszielen. Buchstäblich über Nacht – abends eingestiegen und morgens schon das Frühstück unter Palmen. Das Motto: Flucht in die Sonne – in die Wärme – zu erschwinglichen Preisen – Urlaubswetter garantiert !
In über 30 Jahren hat Mauritius mehrere Entwicklungsstufen durchgemacht. Vom individuellen Urlaubsziel zur Luxusinsel – und nun vielleicht zurück zu einem Ziel für alle Kassen und Klassen. Mauritius hat seinen Spitzenplatz unter den Fernreisezielen behauptet. Wenn ich die Koffer für eine interessante Reise packe, ist die meist gestellte Frage von Freunden und Bekannten: "Können wir nicht mitreisen, um deine Kamerataschen zu tragen?"
Dieses zweifelhafte Privileg erhält meistens meine Frau. Das heisst: Jeden Morgen um 6 Uhr aufstehen und mindestens 15 kg Ausrüstung in Kühltaschen herumschleppen. Gut ausgerüstet mit 5 Minolta Kameras und 10 Objektiven 14 - 500 mm machten wir uns auf den Weg nach Mauritius. Auf der dritten Reise für dieses Buch begleitete mich unser Sohn David.
Mauritius ist vor allem ein Badeziel, Wasser und Strand spielen dabei eine wichtige Rolle. Diesmal

Michael Friedel mit UW-Gehäuse von Uwe Kiehl

hatte ich den besonderen Ehrgeiz entwickelt, nur Zentimeter über oder unter der Wasseroberfläche zu photographieren, um so das faszinierende Farbspiel des Wassers, die Spiegelung und die Lichtbrechung in den Pools und im Meer zu dokumentieren.
Um über die meterhohen Zuckerrohrfelder hinauszublicken, einen Gesamteindruck der Insellandschaft, insbesondere die grossen Hotelanlagen und die Qualität von Wasser und Stränden zu zeigen, suche ich immer neue und besondere Blickwinkel. In vielen Fällen ist der Helikopter dafür das richtige Hilfsmittel. Aber gerade die Strände, kleine intime Teile der Landschaft, werden aus dem Helikopter zu abstrakt. Das mag graphisch gut aussehen, vermittelt aber dem Bildbetrachter keine Informationen über die Wasser- und Sandqualität. Auch die oftmals spektakuläre Architektur der Hotelanlagen besteht, aus der Luft gesehen, meistens nur aus hässlichen, unaufgeräumten Dächern. Das Hotel Trou aux Biches, Seite: 50/51, sieht vom Mast eines Katamarans am eindrucksvollsten aus. Durch den geringen Tiefgang dieser Boote kann man sie beachen, also am Strand parken, und somit Ebbe und Flut und den Sonnenstand aussitzen. Es dauerte zwei Tage, zwei Sonnenauf- und untergänge, bis ich das ideale Licht und einen niedrigen Wasserstand gefunden hatte. In diesem Fall eine starke Ebbe bei Vollmond. Um die anstrengenden Kletterpartien auf den Mast der Aura zu erleichtern, kaufte ich mir in Port Louis eine hohe, von Hand gefertigte Aluminiumleiter. Einfacher hatte ich es auf dem Katamaran Le Paradis am Morne Brabant. Kapitän Cyriel zog mich an einer Winde den Mast empor. Die geduldige Crew kreuzte tagelang, mit mir im Mast, in der Lagune vor dem Morne Brabant. Es gab immer nur kurze Momente mit dem richtigen Licht, in denen ich die Aufnahmen von Seite: 54/55 machen konnte.
Immer auf der Suche nach neuen Motiven, nahm ich auch die Hilfe der erfahrenen Helikopter-Piloten der Air Mauritius in Anspruch. Sie kennen jedes Detail, jede Ecke der Insel und waren überaus

David im Pool vom *Shandrani*

Katamaran *Le Paradis* mit Photographen im Mast

Marion Friedel mit Phototaschen

Helikopter der *Air Mauritius* vor dem Morne Brabant

kooperativ. Jeden Morgen um 6 Uhr galt unser erster Blick dem Wetter. Die Wetterwechsel gehen sehr schnell. Ist es am Abend noch traumhaft schön, kann der Morgen grau und verhangen sein. Wenn es auf der einen Seite der Insel regnet, scheint auf der anderen Seite oft die Sonne. Da das Wetter für lange Photoflüge zu launisch war, sprang ich meistens zwischen den von Touristen gebuchten Rundflügen, für fünf bis zehn Minuten, zu einem kurzen Ausflug in die Maschine. Über dreißigmal sind wir in die Luft gegangen – immer in Richtung Sonnenschein. Fünf Versuche brauchte ich für die Aufnahme des Morne Brabant. Mal waren die Wolken zu dicht, der Berg in Dunst gehüllt, und das Wasser wirkte farblos und grau. Für die Insel Ile aux Cerfs, Seite: 12/13, brauchte ich nur zwei Anflüge. Die schnell wandernden Passatwolken kommen vom Meer und werfen Schatten auf die Strände. Oftmals sind das wünschenswerte Effekte. Für das Titelmotiv heuerte ich Joseph, den Küstenfischer, mit seiner traditionellen und selbstgebauten mauritianischen Piroge namens Maria an. Zwei Tage sind wir vor der Küste gekreuzt. Bis dann für eine halbe Stunde voller Sonnenschein die Segel, das Meer, den weissen Strand und blauen Himmel leuchten liess. Ich hatte endlich den Buchtitel im Kasten, der den Traum vom tropischen Urlaubsparadies Mauritius symbolisieren soll.
Joseph wurde ein begehrtes Photomodell für die Touristen und auch für Kollegen ohne eigene Ideen. Heute hat sich Joseph zur Ruhe gesetzt.

Fischer Joseph als geduldiges Titelmodell

Michael Friedel auf dem Gipfel des Pieter Both 1977

INFO MAURITIUS

ANFLUG

Die Fluggesellschaft AIR MAURITIUS fliegt täglich mehrmals von den Kontinenten. Ausserdem: BRITISH AIRWAYS, LTU, AIR FRANCE, CONDOR, EMIRATES, AIR ZIMBABWE, SOUTH AFRICAN AIRWAYS. Wer Seefahrten liebt, kann sich nach einer Überfahrt mit einem der Handelsschiffe, die auf Mauritius anlegen und aus allen Teilen der Welt kommen, erkundigen: einige haben Passagierkabinen.

EINREISE + ZOLL

Für deutsche, schweizer und österreichische Staatsbürger ist ein für mindestens 6 Monate gültiger Reisepass erforderlich. Kinder benötigen einen amtlich beglaubigten Ausweis mit Lichtbild. Für Reisende mit anderen Staatsangehörigkeiten gibt das zuständige Konsulat Auskunft. Derzeit sind keine Impfungen oder Prophylaxen vorgeschrieben. Die Einfuhr von Waffen, Falschgeld, Betäubungsmitteln, aufgearbeiteten Autoreifen, aufrührerischen und pornographischen Filmen und Bildern wie auch von Obst, Gemüse, Fleisch und Pflanzen ist untersagt. Besucher über 18 Jahre dürfen zollfrei folgendes einführen: 250 g Zigaretten, Zigarren oder Tabak. 1 Liter Likör und zwei Flaschen Wein und Bier, eine kleine Menge Parfüm und 25 cl Kölnisch Wasser. Der Import von Rauschmitteln ist strengstens untersagt. Tipp: Die Duty-free Produkte sind besonders preiswert auf Mauritius, und man kann schon bei der Ankunft in diesen Geschäften einkaufen, wie z.B. Alkohol für den Sundowner auf dem Hotelbalkon.

MEDIZIN

Mauritius verfügt ausser dem Hauptspital über eine Menge gut ausgerüsteter Privatkliniken in allen wichtigen Städten. Obst, Salate und Essen auf Mauritius sind generell unbedenklich, Mineralwasser sollte jedoch dem Leitungswasser vorgezogen werden. Die wohl häufigsten Krankheiten sind Sonnenbrand oder -stich und Erkältung. Überall auf der Insel gibt es zahlreiche Apotheken. Von Montag bis Samstag sind sie von 8.30/9.00 bis 18.00/19.00 Uhr offen. Was den Apothekensonntagsdienst betrifft, bitte in der Tageszeitung nachlesen.

SPORT + FREIZEIT

Die Sportmöglichkeiten sind mannigfaltig auf Mauritius. Zu den angebotenen Sportarten gehören Tennis, Golf, Tauchen, Segeln, Wasserski, Windsurfen, Wellenreiten, Hochseefischen, Reiten und die Jagd. Auskünfte über Wanderungen und Bergbesteigungen erhalten Sie beim Forestry Service in Curepipe.

HOCHSEEANGELN

Flotten hochseetauglicher Fischerboote mit bester Ausrüstung liegen beim Hotel Le Paradis und dem Centre de Peche im Südwesten sowie beim Club Corsaires im Nordwesten der Insel.

MIETWAGEN + TAXI

Ein nationaler Führerschein ist ausreichend, ein internationaler ist jedoch von Vorteil. Auf Mauritius fährt man links! Taxis stehen am Flughafen oder bei den Hotels. Es ist ratsam, den Preis vorher festzulegen, denn die Autos haben kein Taxameter. Es lohnt sich, für Tagesausflüge ein Taxi zu mieten, da es oft billiger als ein Leihwagen oder die Buchung über ein Ausflugsbüro ist.

ZEIT

Von Mitteleuropa je nach Jahreszeit zwei oder drei Stunden später.

WÄHRUNG

Lokale Währung ist die Mauritius-Rupie (RS) 30 RS = ca. 1 Euro. Es wird die Mitnahme von Reiseschecks empfohlen, keine Euroschecks. Am besten tauschen Sie bereits am Flughafen bei der Ankunft oder bei Banken. Bei Umtausch in Deutschland und in Hotels muss man mit Kursverlusten rechnen. In den meisten Hotels, Restaurants und Geschäften werden die gängigen Kreditkarten akzeptiert.

HOTEL

Die Insel bietet Unterkünfte aller Kategorien und für jeden Geldbeutel. Angefangen mit den zahlreichen Strandhotels der Super-Luxusklasse verfügt die Insel auch über ein erstaunlich grosses Angebot an Bungalowanlagen, Hotels und Pensionen der mittleren und niedrigen Preisklasse. In neuester Zeit entstehen immer mehr Appartmentanlagen mit der Möglichkeit zur Selbstverpflegung.

INSELVERBINDUNGEN

AIR MAURITIUS verbindet Mauritius mit La Rèunion und mit Rodrigues. Hubschrauber der Air Mauritius führen Transfers vom Flugplatz zu den verschiedenen Hotels durch. Die "M.V. Mauritius Pride" sowie "Mauritius Trochetia" veranstalten wöchentlich Seefahrten nach Rodrigues.

FERNSEHEN + PRESSE + BÜCHER

Die wichtigsten Zeitungen sind: Le Mauricien, L'Express, 5 Plus. Es werden täglich 24 Stunden Rundfunk auf Kanal 1 und 18 Stunden auf Kanal 2 und auf FM Radio meist in kreol, französisch und englisch übertragen. Im Mauritianischen Fernsehen können Sie französische Nachrichten um 19.30 Uhr, englische Nachrichten um 21.00 Uhr sehen. Neben den staatlichen Sendern gibt es wie in Europa zahlreiche private Kanäle per Satellit. Eine überraschend grosse Auswahl an englischer und französischer Literatur finden Sie in dem Buchladen Le Treffle in der Rue Royale, Port Louis.

RELIGION

Die Einwohnerschaft von über 1 Million ist wie folgt zusammengesetzt: 52% Hindu, 26% Katholiken, 20% Moslems, Protestanten und Buddhisten. Das Zusammenleben von so vielen Kulturen und Religionen führt zu einer grossen Anzahl von Feiertagen, die inzwischen von 21 auf 15 Tage reduziert wurde.

KLEIDUNG + AUSRÜSTUNG

Tagsüber empfiehlt sich leichte, luftige Kleidung aus Baumwolle. In den meisten, auch in den sehr guten Hotels auf Mauritius, geht es selten sehr formell zu, aber nehmen Sie für abends am besten "elegant-legere" Garderobe mit. Insbesondere in den Monaten Juni - August kann es etwas abkühlen, deswegen empfehlen wir auch, einen wärmeren Pullover, Jacke oder ähnliches mitzunehmen. Viele Strände bestehen aus Korallensand, auf dem es sich mit Badeschuhen angenehmer laufen lässt. Gegen "oben ohne" an den Touristenstränden wird i.d.R. kein Einspruch erhoben, man sollte als Gast aber immer da, wo auch Einheimische - oft sogar in Saris - baden, deren moralische Vorstellungen respektieren. Hinzu kommt, dass alle Strände auf Mauritius öffentliche Strände sind. Für abendliche Spaziergänge ausserhalb der Hotelanlagen empfiehlt sich eine Taschenlampe.

SPRACHE

Amtssprache ist Englisch, jedoch wird vorrangig Französisch und Kreolisch gesprochen. Alle drei Sprachen werden von der Bevölkerung gleichermassen gut gesprochen.

KLIMATABELLE

	Jan.	Feb.	März	April	Mai	Juni	Juli	Aug.	Sept.	Okt.	Nov.	Dez.
Mittlere tägliche Höchsttemperatur in °C	**30**	**30**	**29**	**28**	**26**	**25**	**24**	**24**	**25**	**27**	**29**	**30**
Mittlere nächtliche Tiefsttemperatur in °C	**22**	**22**	**22**	**21**	**19**	**17**	**16**	**16**	**17**	**18**	**19**	**21**
Mittlere tägl. Sonnenscheindauer in Stunden	**7.5**	**7.5**	**7.5**	**7.5**	**7.5**	**7.5**	**7.5**	**7.5**	**8**	**8**	**9**	**8.5**
Mittel der monatlichen Tage mit Regen	**15**	**16**	**18**	**17**	**15**	**11**	**13**	**14**	**9**	**9**	**7**	**14**

NACHTLEBEN

Auf Mauritius sind Glücksspiele einer der beliebtesten Zeitvertreibe. Ausser Restaurants gibt es Bars, Nightclubs und Diskotheken - in einigen Hotels alles unter einem Dach! Die jungen Leute auf Mauritius gehen lieber in die Nachtclubs ausserhalb der Hotels (z.B. Palladium, Quatre Bornes).

TELEFON

Öffentliche Telefone sind wesentlich günstiger als das Telefonieren in den Hotels. Hierzu empfiehlt es sich, z.B. im Supermarkt Telefonkarten zu kaufen.

STROM

220/240 Volt. Weltreisestecker empfehlenswert. In den grösseren Hotels sind Adapter erhältlich.

REISEZEITEN + REGENZEITEN

In den Tropen zwischen Äquator und südlichem Wendekreis gelegen, kann man bei den Maskarenen nicht unsere Begriffe von "Sommer" und "Winter" verwenden, aber auch "Regenzeit" und "Trockenzeit" treffen nur bedingt zu. Um es grob vereinfacht zu sagen: es ist das ganze Jahr über warm. Die Unterschiede stecken also mehr im Detail und betragen nur etwa 10 °C zwischen Januar und Juli. Da sich Mauritius auf der südlichen Welthalbkugel befindet, gilt: am wärmsten ist es von November bis Januar, am "kühlsten" von Juni bis August. Aber zwei Komponenten bestimmen mindestens ebenso, wie warm oder feucht es tatsächlich werden kann - der Wind und der jeweilige Standort. Manchmal allerdings steigert sich der Wind zu unangenehmen Stärken. Sporadisch auftretende Zyklone können sehr schnell heranbrausen und ganze Strandabschnitte wegspülen.

SOUVENIRS

Bei so einer Bevölkerungszusammensetzung kann man zwangsläufig eine bunte Palette an Waren unterschiedlichster Art anbieten. Waren, die aus Mauritius direkt stammen, z.B. hochwertige Textilien, werden ebenfalls angeboten. Preiswert sind Briefmarken, die durch die "Blaue Mauritius" eine berühmte Vorgängerin haben. Hochwertige Juwelierprodukte können gegen ausländische Währung zollfrei eingekauft werden. Bitte führen Sie hierzu eine Kopie Ihres Reisepasses und das Flugticket mit. Eine Spezialität der Insel sind jene Handwerksstätten, in denen in penibler Kleinarbeit detailgetreue Nachbildungen berühmter Segelschiffe hergestellt werden. Sind auch die Preise der Schiffsmodelle oft sehr "gesalzen", so gibt es doch viele günstigere Andenken zum Mitnehmen: Modeschmuck, Körbe und Flechtereiarbeiten, Keramik, Stickereien. Gewürze, Tee und Kaffee aus Chamarel sind in kleinen Tüten oder Gefässen zu haben.

ENTDECKER + REISELITERATUR

Darwin, Charles, "Reise eines Naturforschers um die Welt", Stuttgart 1962
Deherain, H."Le Voyage de Francois Leguat dans l Ocean Indien est-il imaginaire?", Paris 1928
Toussaint, Auguste,"History of the Indian Ocean", London 1966
Boodhoo, Sarita,"Kanya Dan", Mauritius 1993
Conrad, Joseph,"Ein Lächeln des Glücks", 1912
Ramdoyal, Ramesh,"Festivals of Mauritius", Mauritius 1990
Ramdoyal, Ramesh,"More Tales from Mauritius", London 1981
Langer, Freddy ,"Mauritius", Mairs Geographischer Verlag 2004
Därr, Wolfgang, "Mauritius", DuMont Reiseverlag, Köln 2004
Büchler, Carola,"Mauritius", Edition Erde, Nürnberg 1993
Leone Viola Explorer,"Mauritius in your pocket", Mailand 1994

ESSEN + TRINKEN

Die Vielzahl der Rassen hat die Küche bereichert. Ihre Hauptbestandteile sind: Reis, Gemüse, Geflügel, Fisch, Meeresfrüchte, exotische Speisen, in die aussergewöhnliche tropische Zutaten gegeben werden. Die wichtigste Zutat sind Tomaten, die man hier Liebesapfel nennt und die den Gerichten ihre leuchtende Farbe geben. Zwiebeln und Knoblauch fügen den Geschmack hinzu, das exotische Flair wird z.B. durch Ingwer erzielt. Auf Mauritius macht sich der Einfluss der indischen Küche stark bemerkbar, da ja auch der indische Anteil der Bevölkerung weit überwiegt. Es gibt dutzende verschiedener Currys, die alle einen speziellen Geschmack haben. Die besten Currys werden auf einem Stein bereitet, den es in jedem Haushalt gibt und der "Roche Currie" genannt wird. Auf Mauritius sind aber auch die Einflüsse anderer Nationalitäten stark geprägt. Chinesische Einwanderer haben mit ihren Gerichten aus der Sechuan-, Kanton- und Peking-Küche grossen Erfolg geerntet. Das wichtigste Nahrungsmittel neben dem Reis ist der Fisch, von dem es viele Sorten, Grössen und Geschmacksrichtungen gibt. Jedem, der nach Mauritius fährt, sei dringend empfohlen, gelegentlich auch einmal in ein Restaurant zu gehen. In vielen Restaurants haben Sie die Wahl zwischen europäischer, einheimischer, chinesischer oder indischer Küche. In einem normalen Haus auf Mauritius gibt es keinen Wein, der bleibt den reichen Touristen in den Hotels und einigen gut betuchten Familien vorbehalten. Preiswerter und gut sind die im Lande gebrauten Biersorten "Stella", "Blue Marlin" und "Phoenix". Der Insel-Rum, am bekanntesten "Old Mill", "Green Island" und "White Diamond Rum", ist Bestandteil der meisten Cocktails. In Restaurants sollte man ca. 10 Prozent Trinkgeld geben, falls nicht auf der Rechnung vermerkt. Ansonsten für Dienstleistungen ca. 10 Rupies.

CONNECTIONS: **Crater Lane, Floreal, Mauritius**
Tel-Nr.: 696 99 33, Fax-Nr.: 696 89 99

Größe: Landfläche 2.040 qkm

Bevölkerung: 1.198.000 Einwohner, d.h. 590 Ew. pro qkm

Ethnische Zusammensetzung: 66% Inder und Pakistani, 29% Kreolen (Mischlinge), ca. 3% Chinesen, 2% Frankomauritier und Engländer

Religion: 52% Hindus, 26% Katholiken, 20% Moslems, Protestanten und Buddhisten

Sprache: Verkehrssprache Englisch, Umgangssprache Kreolisch (französisch/afrikanisch), Radiosendungen in 10 Sprachen, inklusive Urdu/Hindi, Französisch

Geschichte: holländische, französische, englische Kolonie

Status: seit 1968 unabhängig

Hauptstadt: Port Louis 170.000 Einwohner

Wirtschaft: Zucker, Melasse, Tee, Rum, Textilien (Industriezone), Tourismus

Währung: Mauritius-Rupie

Geographie: Vulkaninsel mit Korallenriff; höchste Erhebung 828 m

Besonderheit: 15 gesetzliche Feiertage

MAURITIUS
10 km
7,5 miles~6 nautical miles
N
Photopunkte
1 Seite 8 - 9
2 Seite 10 - 11
3 Seite 12 - 13
4 Seite 14 - 15
5 Seite 26 - 27
6 Seite 36 - 37
7 Seite 38 - 39
8 Seite 42 - 43
9 Seite 44 - 45
10 Seite 46 - 47
11 Seite 48 - 49
12 Seite 50 - 51
13 Seite 52 - 53
14 Seite 54 - 55
15 Seite 58 - 59
MOKA
FLACQ
MONTAGNES BLANCHE
MONTAGNES BAMBOUS
GRAND PORT
PLAINES WILHELMS
BLACK RIVER
RIVIÈRE NOIRE
SAVANNE
MONTAGNE SAVANNE
Mahébourg
Anse Fauverelle
Anse Cunat
Ile aux Fouquets
Ile de la Passe
Ile Vacoas
Ile Marianne
Ile aux Cerfs
Ile aux Aigrettes
Le Touessrok
Palmar Beach Resort
Silver Beach
Le Tropical
Ambre
Le Preskil Beach
Blue Lagoon Beach
Blue Bay
Shandrani
Domaine du Chasseur
Mgne de Créoles 369
Plaisance International Airport
Le Chaland
Blow Holes
Quartier Militaire
Mgne Fayence 433
Mont Ravat 323
Mont Barbe 503
Mgne la Terre 504
Verdun Hill 537
Grand River South East
Circomstance
River Cascade
Moka
Rose Hill
Beau Bassin
Quatre Bornes
Vacoas
Phoenix
Floreal
Curepipe
Rose Belle
Nouvelle France
La Flora
Bois Chéri
River La Chaux
River Tabac
River du Poste
Bénares
Riviere de Anguilles
Souillac
Rochester Falls
River Savanne
Surinam
Chemin Grenier
Chamony
Mare aux Vacoas
Grand Bassin
River Papayas
Mgne du Rempart 777
La Ferme
Bambous
Flic en Flac
Clarence
Tamarin
River du Rempart
Island Sports Club
Piton de la Petite Rivière Noir 828
Petite Case Noyale
Grande Case Noyale
La Gaullette
Cascade Chamarel
Baie du Cap River
Choisy
Baie du Cap
Bel Ombre
Villas Pointe aux Roches
Baie du Jacotet
Voile d'Or
Heritage
Le Telfair
Le Morne
Ile aux Bénitiers
Paradis
Dinarobin
Les Pavillons
Berjaya Beach
Indian Resort
Baie du Cap
Baie de la Petite Rivière Noire
Baie de la Grande Rivière Noire
Baie du Tamarin
Klondike Village Vacances
Villas Caroline
Manisa Hotel
Le Pearl Beach
La Pirogue
Sugar Beach
Hilton Mauritius
Sofitel Imperial
The Sands

German

German

German

German

German

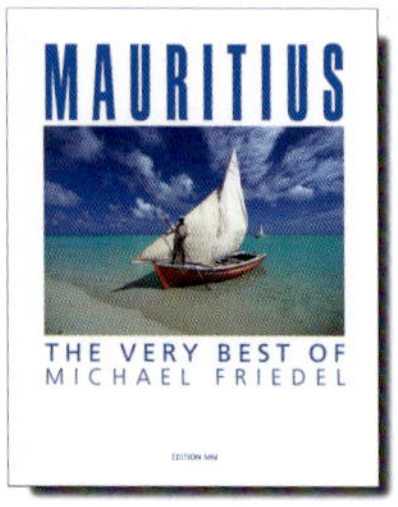

English

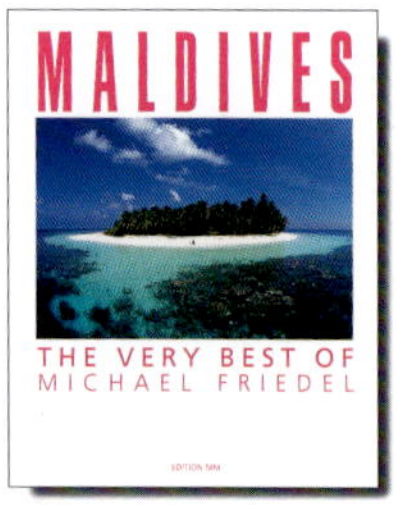

English

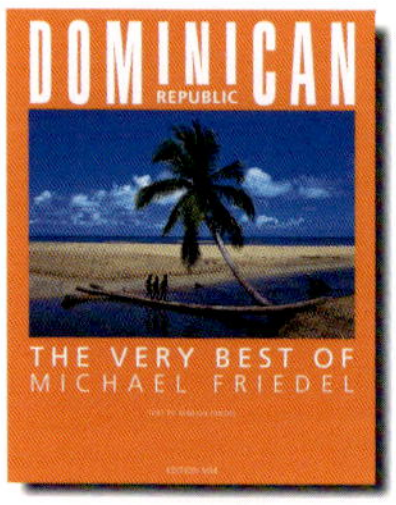

English

English

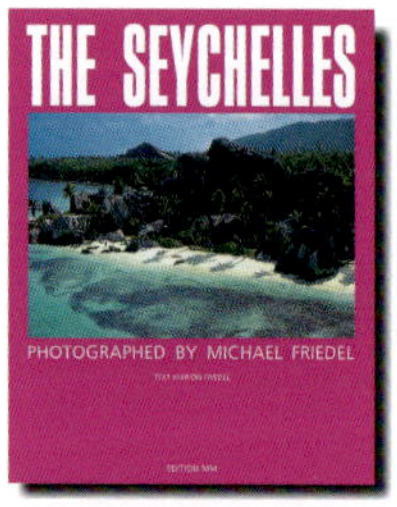

English

French

French

French

French

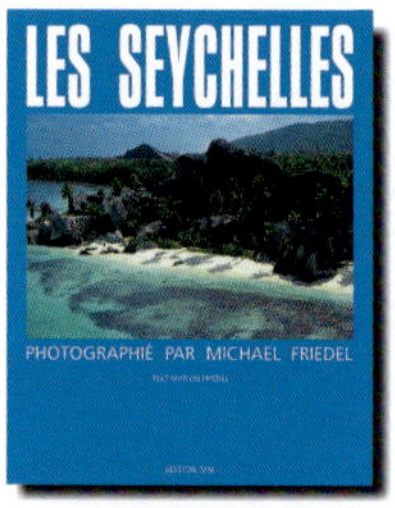

French

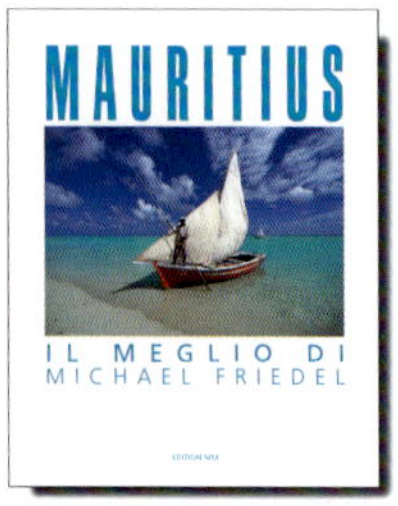

Italian

Italian

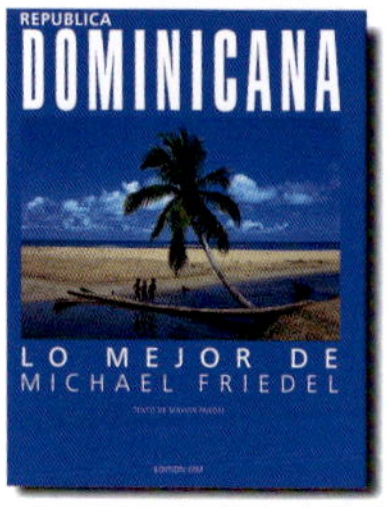

Spanish

Spanish

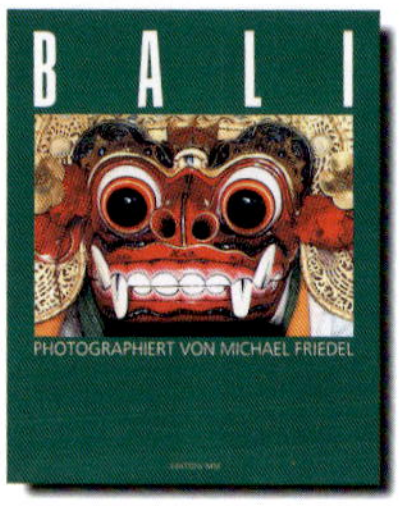

German

1 : 800 000

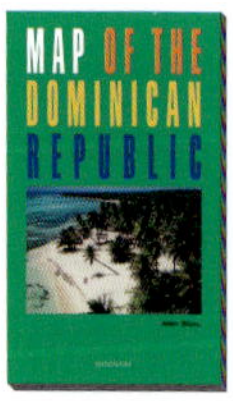

1 : 600 000

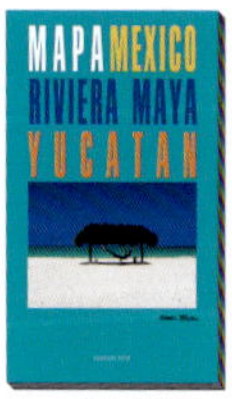

1 : 800 000

Germany: www.amazon.de **www.michael-friedel.de** e-mail: info@michael-friedel.de
International: www.amazon.com **Austria**: www.freytagberndt.at
France: Vilo Diffusion, 25, rue Ginoux, 75015 Paris, Fax: 01 45 79 97 15 **Swiss**: www.buchzentrum.ch

Impressum
Neue, aktualisierte Ausgabe
MM-Photodrucke GmbH, 83623 Steingau; Gesamtkonzeption: Marion & Michael Friedel; Photos: ©Michael Friedel;
Titel und Gestaltung: Stahl Grafikbüro, München; Karte: ©Thomas Braach, München; Repro: Franzis, München
Satz: Cornelia Hermann, Hausham; Druck und Bindung: EGEDSA, Spanien; ©Marion & Michael Friedel
ISBN 978-3-929489-36-1 Printed in EU